DE L'AVENIR

DE

L'ALGÉRIE;

Par C. J. A. MATHIEU DE DOMBASLE.

PARIS,

DUFART, rue des Saints Pères, n° 4;

BOHAIRE, boulevard des Italiens;

Mme HUZARD, rue de l'Eperon, n° 7;

Au Palais royal, DELAUNAY, DENTU et LEDOYEN.

Mai 1838.

NANCY. — IMP. DE A. PAULIN, PASSAGE DU CASINO.

DE L'AVENIR

DE

L'ALGÉRIE;

Par C.-J.-A. MATHIEU DE DOMBASLE.

PARIS,

DUFART, rue des Saints-Pères, n° 1;

Mme HUZARD, rue de l'Éperon, n° 7;

BOHAIRE, boulevard des Italiens;

Au Palais royal, DELAUNAY, DENTU et LEDOYEN.

Mai 1838.

DE L'AVENIR

DE

L'ALGÉRIE.

Rien n'est plus remarquable que l'attitude que prennent depuis long-temps les hommes politiques, relativement à la possession de l'Algérie : ceux qui considèrent cette possession comme funeste aux intérêts du pays gardent le silence ou n'expriment leur pensée qu'à demi. Le gouvernement a envoyé à Alger, il y a quelques années, des hommes distingués par leurs lumières et leur expérience, afin de connaître l'opinion qu'ils se seraient faite sur les lieux, relativement aux espérances que l'on pouvait fonder sur cette possession. Ces commissaires ont donné individuellement leur avis sous forme confidentielle. Quelques passages de ces rapports ont néanmoins transpiré dans le public, malgré les soins que l'on avait pris pour les tenir secrets. Or, il paraît que les commissaires exprimaient à peu près unanimement le regret que la France fût engagée dans cette entreprise, dont les résultats ne devaient pas être favorables à ses intérêts ; mais la conclusion unanime était qu'il faut conserver cette conquête. Il est fort vraisemblable que l'opinion des hommes qui gouvernent le pays a toujours été conforme à celle-là. Mais n'y a-t-il pas quelque chose qu'il importe d'approfondir, dans toutes ces réticences, dans ces conclusions diamétralement opposées aux conséquences raisonnables de l'opinion à laquelle on se range ? Pourquoi ne dit-on pas tout sur un sujet qui touche si essentiellement aux intérêts les plus graves de la France ? Ici le motif est évident : un homme politique se perdrait s'il mettait seulement en question l'abandon complet de l'Algérie ; personne n'en doute : et l'on se tait, ou l'on ne dit que la moitié de sa pensée, plutôt que de se voir forcé d'en déduire des conséquences logiques. Pour exprimer avec franchise ses idées sur un tel sujet, il fallait peut-être se trouver dans la position d'un simple cultivateur qui n'a rien à demander aux suffrages de la presse ni à ceux des colléges électoraux. Je dirai donc ici ce que pensent sans doute beaucoup d'autres personnes ; mais je le dirai sans réserve et sans réticence, parce qu'il me semble utile que quelqu'un le dise. Qu'on ne croie pas que je conseillerai l'abandon immédiat de notre conquête ; je conseillerai encore bien moins l'occupation restreinte. Je ne ferai guère autre chose ici que de m'efforcer de poser nettement la question ; parce que je crois que c'est aujourd'hui la seule manière de travailler efficacement à en amener ultérieurement la solution.

Jamais peut-être le caractère national français ne s'est montré plus à nu qu'à l'occasion des diverses questions qu'ont soulevées la conquête et la conservation du territoire algérien. Aventureux et chevaleresque, il n'a calculé ni les millions, ni les milliers d'hommes, dans une affaire qui n'est pour lui qu'une question de point d'honneur. On a pu croire pendant quelque temps que la tendance positive de l'époque actuelle avait du moins aussi sa part d'action dans la direction que prenait si manifestement l'opinion publique dans cette question : de grands projets de colonisation furent mis en avant, et un merveilleux avenir de richesse et de prospérité fut déroulé devant ceux que l'on conviait à aller cultiver et peupler cette terre promise. Tous ces rêves se sont évanouis ; mais l'opinion publique ne s'est pas refroidie un seul instant, et les illusions détruites sont remplacées par d'autres illusions. C'est que cette perspective de bien-être matériel n'a jamais été en réalité qu'un vernis dont on cherchait à colorer un penchant dont la source est ailleurs. Les difficultés, les obstacles, les résistances n'ont fait qu'exalter l'esprit chevaleresque, qui est ici le véritable mobile de l'opinion... « Il faut achever de soumettre l'Algérie : cela est admis par tout le monde; ensuite on verra ce qu'on pourra en faire.....» Ces mots sont extraits textuellement d'un de nos journaux les plus accrédités, qui exprimait ainsi, avec une naïveté que l'on ne peut trop admirer, la pensée des hommes qui veulent à tout prix la conservation de l'Algérie, c'est-à-dire d'une majorité fort imposante parmi la population française.

A propos des hésitations qui se sont manifestées quelquefois, soit dans les Chambres, soit dans le public, au sujet des énormes dépenses qu'entraînent nos possessions d'Afrique, les partisans de la conquête se sont indignés : les Français ne savent pas coloniser, a-t-on dit, ils manquent de l'énergie nécessaire pour persévérer pendant long-temps dans les entreprises de ce genre; et l'on a cité les efforts et les dépenses auxquels se sont livrés les Anglais, pour fonder l'établissement de leurs possessions dans les Indes. La persévérance, sans doute, est une bonne chose; mais elle n'est pas la seule qualité qui soit nécessaire à une nation pour fonder des colonies qui lui soient réellement utiles. Il est une autre qualité plus précieuse encore : c'est cette disposition à juger d'avance, froidement et avec sagacité, d'une part les avantages réels que l'on peut tirer de tel établissement colonial en particulier, et de l'autre les dépenses qui seront nécessaires pour s'en assurer la possession. Pour celui à qui cette qualité a failli dans le début, la persévérance peut bien n'être qu'une obstination funeste. Ceux-là seuls savent coloniser qui ne considèrent dans tout ceci que la question d'intérêt matériel; car une entreprise à laquelle on consacre des millions par centaines ne peut être autre chose de nos jours; et s'il est vrai que les Anglais savent mieux coloniser que nous, c'est que l'entraînement chevaleresque est l'antipode de l'esprit de colonisation, comme il est l'antipode du caractère de la nation britannique.

L'Angleterre a fait d'immenses sacrifices pour conquérir et pour étendre ses possessions dans l'Inde..... Mais, voyez comme le théâtre était habilement choisi : une civilisation toute faite, une industrie fort avancée sous beaucoup de rapports, une production immense d'objets qui formaient la matière du plus riche commerce ; voilà ce que l'Angleterre trouvait tout établi dans les Indes orientales. Le sucre, le coton, l'indigo, le riz, la soie, etc., etc., voilà les productions que créaient en abondance, de temps immémorial, les contrées qu'il s'agissait de soumettre à la domination de la métropole ; et, à côté de cela, un peuple doux et pacifique, chez lequel, à l'aide de quelques milliers d'hommes armés, on pouvait facilement soumettre à l'obéissance des millions d'individus. Sans doute il a fallu aussi que le gouvernement britannique, dans les suites de la colonisation, se résignât à des combats contre des peuplades guerrières pour assurer sa domination ; mais là, du moins, une immense richesse, déjà acquise à la nation conquérante, était l'objet du débat et le prix de la victoire.

Et l'on a bien osé présenter cette marche comme un exemple à suivre pour nous dans nos possessions d'Afrique !..... Mais où donc est sinon la parité, du moins l'analogie ? Autant le théâtre de la colonisation était bien choisi d'un côté, autant il l'est mal de l'autre. Les riches produits, où sont-ils en Algérie ?... Le commerce, comment pourrait-il exister avec des populations pauvres et sans industrie, qui n'ont en conséquence aucun produit à donner en échange ? Des mœurs guerrières, une rare énergie dans la résistance à toute domination, voilà tout ce qu'on peut trouver là, au lieu des richesses de l'Inde. Le commerce avec l'Algérie figure néanmoins déjà dans les documents officiels ; mais, que l'on consulte ces documents, et que l'on voie ce que c'est que ce commerce :

la France envoie des millions dans l'Algérie, et ces sommes y sont dépensées pour l'achat de quelques marchandises françaises, et surtout de vin que les Français auraient acheté et bu tout aussi bien, et en quantité beaucoup plus grande, s'ils fussent restés dans leur pays, au lieu d'aller faire du sol africain le lieu de leur consommation. Mais l'emploi des millions fournis par la France a surtout pour objet l'achat des marchandises que les Anglais ne manquent pas d'y envoyer, et qui n'y sont soumises qu'à un faible droit d'entrée, tandis qu'elles sont prohibées en France. Si les troupes et les millions étaient restés dans notre pays, la consommation aurait eu lieu en produits des fabriques françaises ; voilà toute la différence. On dit souvent que le commerce enrichit les nations ; mais pour nous, en vérité, ce n'est pas celui-là.

Mais on dit : tout cela s'améliorera ; et n'y a-t-il pas là un sol fertile dont la possession peut nous être précieuse ? D'abord, commencer par sacrifier 50 ou 100 millions chaque année pendant vingt ans, cent ans peut-être, dans l'espoir de résultats fort incertains, quelque brillants qu'ils soient, voilà ce qui n'entrerait jamais dans les plans d'un peuple qui saurait coloniser, c'est-à-dire d'un peuple calculateur. Ensuite, ce sol riche et fertile, unique base sur laquelle on ait jamais pu fonder avec quelque apparence de raison l'espoir de la prospérité future de nos possessions africaines, recherchons quelle valeur on doit raisonnablement lui attribuer. On est bien revenu déjà de ces idées de fabuleuse fécondité qu'attribuaient en masse, à toute l'étendue de la régence d'Alger, les premiers prôneurs de la colonisation, et surtout les spéculateurs qui trafiquaient des terres qu'on ne possédait pas encore. D'immenses étendues entièrement dépourvues de cours d'eau, de sources et de toute végétation d'arbres ou d'arbustes, des torrents de pluie dont l'abondance et la continuité dépassent tout ce qu'on peut observer dans nos climats, des sécheresses brûlantes aussi durables que les pluies, et alternant avec des froids très-rigoureux, la fièvre et la dyssenterie rendant inhabitables les localités vraiment fertiles, ce sont là des circonstances qui ne s'accordent guère avec les idées qu'on a pu se faire jusqu'à ce jour des contrées dont l'industrie de l'homme peut tirer de riches produits agricoles.

Mais, enfin, de bonnes terres, des sols qu'on peut avec profit soumettre à la culture, il en est, sans aucun doute, dans quelques parties de l'ancienne régence. Admettons qu'il y en a beaucoup ; admettons qu'on a vaincu les Arabes, et qu'on a conquis la possession de ces terres : quelle est la valeur réelle de tels sols, placés dans les circonstances où se trouvent ceux-là ? La terre cultivable est une matière première que l'industrie porte à une valeur toujours pro-portionnée à l'importance des capitaux qu'on lui consacre. Nous avons aussi, dans plusieurs de nos départements, des terres naturellement fertiles, mais dont la valeur est pres-que nulle, parce qu'on n'a pas encore appliqué de capitaux à les mettre en culture. Dans quelques parties de la Breta-gne, par exemple, de bonnes landes vaudront à peine cent ou cent cinquante francs l'hectare, tandis que des terres semblables, situées dans le voisinage, valent mille francs l'hectare et souvent plus, parce qu'elles ont été défrichées, amendées, améliorées par les soins long-temps continués d'une bonne culture. Mais ces soins de culture, c'est, en définitive, un capital qu'il a fallu employer en travaux de main-d'œuvre, dépenses d'engrais, construction de bâti-ments, de chemins, pour accroître la valeur d'une terre in-culte. Il est remarquable qu'à moins de circonstances rares, le sol acquiert à peine en accroissement de valeur, même dans l'intérieur de notre pays, l'équivalent du capital qu'on lui consacre ainsi ; car l'expérience montre que les défri-chements de terres incultes sont bien souvent des entre-prises peu profitables pour ceux qui s'y livrent, malgré le grand accroissement qu'elles apportent à la valeur primitive du sol. Dans ceux de nos départements où toute la partie cultivable du sol est exploitée, cette surface peut être présumée avoir moyennement une valeur de mille à deux mille francs par hectare, selon que des capitaux plus ou moins considérables ont été appliqués à l'amélioration du sol, à la construction des bâtiments, des clôtures, des chemins, etc. Là, sans doute, un hectare de bonne terre inculte, s'il s'en trouvait, aurait une valeur assez élevée; mais, cette valeur, il la devrait uniquement aux capitaux qui ont été consacrés à accroître la valeur du sol autour de lui. C'est ainsi qu'une perche de terrain dans l'enceinte de Paris a une valeur entièrement disproportionnée avec celle qu'on pourrait lui attribuer dans toute autre situation; et elle doit uniquement cette valeur aux immenses capitaux qui ont été appliqués aux terrains qui l'environnent.

C'est donc seulement par l'application des capitaux que le sol acquiert de la valeur; et, si l'on considère la surface entière du territoire français, on resterait sans doute au-dessous de la vérité en disant que la valeur foncière du sol n'a été portée au taux actuel que par l'accumulation de capitaux qui dépassent une somme de douze cents francs par hectare. La preuve de cette vérité se trouve dans la comparaison de la valeur moyenne des terres cultivées en France, avec celle des terrains incultes dans les cantons où il n'a été encore employé que peu de capitaux à l'accroissement de la valeur foncière du sol. Maintenant, nous trouvons que 600 mille hectares environ forment la surface moyenne d'un de nos départements, d'où il résulte que la valeur actuelle des terres n'a été obtenue qu'au moyen de l'application d'un capital d'environ *sept cents millions de francs* pour un de nos départements; dans un état moyen de richesse et de prospérité agricole : et je ne parle ici que du capital immobilisé dans le sol sous forme de capital foncier. Il faut y ajouter celui qui est employé à l'exploitation des terres, en achats d'instruments aratoires, de bestiaux, et en avances de culture de tout genre.

Ainsi, en supposant que l'on ait conquis sur le sol africain une étendue de terre égale à la surface moyenne d'un de nos départements, c'est un capital peu inférieur à un milliard qu'il faut lui consacrer, pour porter ce territoire à une valeur égale à celle d'un de nos départements de richesse moyenne. Mais ce capital, croit-on que la spéculation se chargera de le lui appliquer? Non, en vérité : les capitaux sont plus intelligents que cela; et il faut plus de sécurité que l'on ne peut en trouver là, pour que l'industrie privée mette en mouvement ses capitaux et son travail. Et il est certes bien heureux qu'il en soit ainsi; car, la plus grande partie du sol français n'aurait aussi besoin que de capitaux et de travail pour que sa valeur et ses produits s'accroissent dans une grande proportion; et plusieurs de nos départements ont encore des terres qui restent nues et incultes, uniquement parce que les capitaux et le travail manquent pour les mettre en valeur. On conviendra bien, je pense, qu'il est plus prudent d'appliquer nos ressources à cet emploi, qu'à mettre en valeur le sol africain.

On a dit, je le sais bien, qu'il faut faire l'un et l'autre; mais c'est comme si l'on voulait employer son revenu à acheter de nouvelles propriétés, et en même temps ce même revenu à améliorer les anciennes. On ne peut mettre à deux places à la fois un écu ou le travail d'un ouvrier; et ce qui est vrai d'un écu l'est également d'un milliard.

Une nation ne peut créer une colonie qu'en détournant les éléments de sa propre richesse, à moins qu'on ne trouve, comme les Anglais l'on fait dans l'Inde, un pays où la richesse est toute créée par l'accumulation des capitaux, par les développements déja anciens de l'industrie qui met les terres en valeur. La France a appliqué des capitaux très-considérables, dans les siècles derniers, à mettre en valeur le sol de ses colonies d'Amérique : ce n'est pas ici le lieu de rechercher si elle a trouvé dans le commerce colonial une compensation suffisante; mais il est certain qu'avec les capitaux employés aux colonies, on eût pu mettre en valeur une bonne partie du moins des terres qui sont encore incultes sur le sol français.

Les effets de l'emploi des capitaux d'une nation dans des possessions lointaines sont bien plus sensibles encore chez les peuples qui ont donné à leurs entreprises coloniales un développement plus étendu que ne l'a fait la France, relativement à leur puissance et à leur richesse intérieures. Que l'on voie ce qui en est résulté pour l'Espagne et le Portugal ; et que l'on dise ce que pourraient être aujourd'hui ces nations, si les immenses capitaux qu'elles ont dévorés dans leurs possessions d'outre-mer avaient été employés à mettre en valeur la propriété foncière, et accroître ainsi la population sur leur propre territoire ; et l'on ne peut pas regarder la perte de leurs colonies comme la cause du mal, car nous savons ce qu'étaient ces nations lorsqu'elles les possédaient, et l'histoire nous apprend que leur décadence date de l'époque même de la fondation de leurs colonies ; la misère n'a cessé de croître chez elles, depuis que les capitaux en ont été détournés pour être employés dans des contrées lointaines. C'est que, il faut bien le dire encore, le sol n'acquiert de valeur que par les capitaux qu'on lui applique ; et une nation ne peut à la fois employer ses capitaux à accroître sa prospérité intérieure et à mettre des terres en culture dans des pays lointains.

Que l'on voie ce qui se passe en ce moment dans les États-Unis d'Amérique : là, une nation, par un concours de circonstances inouïes dans l'histoire du monde, se trouve placée de telle manière que les parties incultes de son sol sont mises en valeur par des capitaux qui y affluent pour cet usage, de tous les points du globe. Là de vastes étendues de terre de la plus haute fertilité se rencontrent sous un climat tempéré et analogue aux habitudes de toutes les populations de l'Europe. De grands fleuves établissent des communications faciles, et d'innombrables cours d'eau arrosent et fertilisent toute la surface du pays. L'air est salubre ; les arrivants trouvent là partout abondance de bois, premier besoin des colons, pour la construction de leurs demeures. Ils trouvent de plus sécurité complète pour la jouissance du fruit de leurs travaux. Eh bien, la valeur d'un sol aussi riche et aussi favorisé est restée presque nulle, tant que les capitaux ne sont pas venus lui prêter leur concours : de grandes étendues se vendent au prix de quelques dollars. Mais dès que le sol a été mis en culture, dès qu'une propriété a été rendue habitable, au moyen des capitaux apportés et de ceux qui ont été créés sur place par l'accumulation du travail, alors le sol acquiert une valeur vénale décuple, centuple peut-être de sa valeur originaire. Sur le littoral des États-Unis, les propriétés foncières achetées autrefois à aussi bas prix que le sont aujourd'hui les terres de l'intérieur, ont depuis assez long-temps une valeur que l'on peut comparer à celle des terres en Europe. Mais cet accroissement de valeur ne représente que les capitaux qui y ont été accumulés et immobilisés depuis le moment où l'on a commencé à les mettre en culture. Là, comme en France, comme partout, la valeur du sol nu et inculte est fort peu de chose.

Les partisans de la colonisation d'Alger ont paru croire que le voisinage du continent européen était un motif suffisant pour assigner aux terres de la régence une valeur approchant du moins de celle qu'attribuent les émigrants aux terres qu'ils vont chercher sur le continent d'Amérique; mais c'est là se tromper complétement. Pour le colon qui veut se créer une nouvelle patrie, il importe assez peu qu'il la trouve à 400 lieues ou à 2000 : Les avantages qui résultent des circonstances locales sont tout pour lui. Or, si l'on compare, sous quelque rapport que ce soit, les circonstances dans lesquelles peut se trouver le colon, dans les deux pays, on trouvera, sans aucun doute, qu'en Algérie, toutes les circonstances essentielles sont à peu près l'inverse de celles que le colon rencontre en s'établissant en Amérique. Supposez aux terres de l'Algérie ce qui leur manque essentiellement sous tous les rapports qui peuvent constituer un sol favorable à la culture, le défaut de sécurité suffirait seul pour éloigner tous les colons raisonnables; et il n'est pas question ici de sécurité pour la récolte de l'année et celle de l'an prochain: c'est tout autre chose que cela que cherche le colon sérieux, c'est-à-dire celui qui veut former un établissement pour lui et ses descendants. Vous établissez des postes militaires qui couvrent les approches d'une plaine, et vous croyez que c'est avec cette sécurité de six lieues carrées que des colons vont mettre cette plaine en culture. Vous croyez qu'ils ne redouteront pas qu'un moment de relâchement dans la surveillance, ou un événement militaire imprévu livrent leurs propriétés aux déprédations des Arabes, quand même ils seraient séparés de leurs tribus par une distance de dix ou de vingt lieues, que franchissent avec tant de rapidité les guerriers de ces peuplades..... Non, en vérité: ce n'est pas dans de telles circonstances que l'on verra jamais s'établir des travaux de culture de quelqu'importance. Lors même qu'on aurait conquis de beaucoup plus grandes étendues, vous ne parviendrez pas à créer là cette sécurité sans laquelle nul homme raisonnable ne se déterminera à fonder sur ce sol des établissements durables. Toutes vos déclarations de permanence dans l'occupation n'y feraient rien, en présence des difficultés et des résistances que chacun voit; car, à travers l'entraînement général, il y a quelque chose qui dit à tous les hommes réfléchis, qu'il est du moins fort douteux que la colonisation réussisse. On sait bien que lorsque l'entraînement sera passé, la France prendra le parti qui conviendra le mieux à ses intérêts; et les déclarations les plus positives, si on avait l'imprudence d'en faire, pourraient bien, dans certaine occurrence, placer l'État dans une situation embarrassante à l'égard de quelques hommes aventureux; mais elles ne pourraient jamais produire, dans l'esprit des hommes raisonnables, cette sécurité sans laquelle on ne va pas immobiliser de grands capitaux dans une terre lointaine. Si l'on ajoute à ce défaut de sécurité tous les inconvénients si graves que présentent ici le sol et le climat pour ceux qui voudraient le soumettre à la culture, on trouvera que si la terre inculte a peu de valeur dans les

États-Unis d'Amérique, sa valeur est beaucoup au-dessous de rien dans nos possessions d'Afrique. Mais comment un tel pays pourrait-il avoir quelque valeur pour la nation qui en ferait la conquête, si les terres n'en ont aucune pour les colons, sans lesquels il lui est impossible de lui faire valoir quelque chose?....

Revenons à la France et à la situation dans laquelle la placerait sa nouvelle colonie. On s'étonne quelquefois de la lenteur avec laquelle la culture du sol s'améliore sur la surface de notre pays; mais on comprend bientôt cette marche, lorsqu'on reconnaît quelle immense masse de capitaux est nécessaire pour cette amélioration. Ces capitaux, il faut qu'ils soient créés, pour la plus grande partie, par l'accumulation des produits eux-mêmes et du travail qui les fait naître sur la portion du sol déjà mise en valeur; et, s'il était possible qu'au lieu de leur donner cette destination, on les détournât pendant la période de temps qui serait nécessaire pour aller mettre en valeur, sur le sol africain, une étendue égale à celle de deux ou trois de nos départements, c'est-à-dire pendant un siècle au moins, la France en éprouverait un dommage incalculable dans sa richesse et dans sa puissance. Mais il n'en sera rien : les circonstances du sol africain présentent aux spéculateurs sérieux trop peu d'attrait pour que les capitaux privés prennent cette direction; et l'on peut être bien assuré qu'à la réserve de quelques capitaux aventurés par des hommes d'un caractère plus entreprenant que judicieux, la perte se bornera pour la France aux sommes que le gouvernement consacre chaque année aux dépenses de l'occupation et de la conquête; et, en vérité, c'est déjà bien assez.

Admettons toutefois que la France, en arrachant quelques milliards à sa prospérité intérieure, sera parvenue à mettre en valeur et à rendre productif, sur le sol africain, un territoire égal en surface et en richesses à deux ou trois de nos départements. Par quel genre de liens ce territoire sera-t-il uni à la mère patrie?..... Les peuples modernes n'ont fondé que des *colonies commerciales*, c'est-à-dire que le lien qui unit les colonies aux métropoles est un échange réciproque des productions des deux pays. Cela supposait que ces productions étaient fort différentes, et c'est pour cela que, malgré l'inconvénient des grandes distances, les colonies ont toujours été fondées dans d'autres portions du globe : les denrées coloniales étaient un besoin pour les métropoles, parce qu'elles ne pouvaient les produire chez elles ; et elles donnaient en échange les produits de leur industrie. Mais quels seront les produits présumés de l'Algérie ? des grains, des bestiaux et les autres denrées que l'on produit sur le sol français ; car, pour les denrées tropicales et même pour le coton, on n'ose même plus en parler sérieusement. Dans l'état actuel des choses, les produits de l'Algérie ne peuvent donner lieu à aucun commerce de quelque importance ; car ils ne se créent que dans la proportion nécessaire à la chétive consommation des populations indigènes. Supposons qu'on en aurait accru la production par l'industrie des colons : il pourrait se trouver là de quoi fournir aux besoins d'une population plus ou moins nombreuse. Mais la matière d'échange avec la métropole, où est-elle ? Et comme débouché offert à nos produits fabriqués, la colonie ne sera-t-elle pas toujours limitée à la somme des produits qu'elle peut nous fournir en échange ? C'est là le cas d'appliquer cet axiome : *l'on n'achète des produits qu'avec des produits*. On ne le peut du moins sans se ruiner promptement ; et un tel état de choses ne pourrait durer. Il n'y a donc aucune possibilité d'établir en Algérie une colonie commerciale où l'intérêt des deux parties soit fondé sur la réciprocité des besoins.

Mais on dit : c'est le territoire français lui-même qu'il s'agit d'étendre ; ce sont des départements africains qu'il faut ajouter à nos départements..... A la bonne heure : appelons cela, si vous voulez, une *colonie départementale*. Nous supposerons donc qu'un département africain, mis en valeur par des capitaux français, produira en contributions fon-

'cières, en patentes, etc., ni plus ni moins qu'un département français ; qu'il fournira, de même que ce dernier, son
contingent au recrutement de l'armée...... Je fais certes la
part belle aux colonisants ; car, quelques sacrifices que la
France s'impose pour atteindre ce but, y parviendrait-on
dans un siècle ?.... Mais admettons qu'on y soit parvenu ;
croyez-vous que ce département aura pour cela autant de
valeur pour la France qu'un département placé sur le véritable sol français ? D'abord, croit-on qu'il ne coûtera pas
plus à la métropole pour l'administrer et pour en assurer la
possession, soit contre les invasions de l'étranger, soit contre
les tentatives d'émancipation de la population elle-même ?
Croit-on que parce qu'on aurait réuni ce pays à la France
par une loi, parce qu'on l'aurait divisé en départements, on
en aurait fait une partie intégrante de la nation ? C'est sur
la communauté d'intérêts que repose la nationalité ; et serait-
il possible de faire ensorte que l'Algérie n'ait pas des intérêts
distincts de ceux de la métropole ? Dans notre France même,
si homogène par sa position géographique, n'a-t-on pas vu
une portion du territoire soulever quelques inquiétudes sur
l'union sociale, parce qu'elle s'était persuadée qu'elle avait
des intérêts différents de ceux du reste de la nation ? L'uniformité des intérêts forme la seule base de la nationalité ; et
la volonté des peuples ni des gouvernements ne peut rien à
cet égard contre la nature des choses. Une seule circons-
tance suffirait entre vingt autres pour donner à l'Algérie des
intérêts à elle et distincts de ceux de la France européenne :
c'est qu'il serait impossible d'admettre ses produits en
France comme produits français, de même qu'on ne pourrait songer à l'assimiler aux départements français, relativement à l'introduction des produits étrangers. Aujourd'hui
on admet dans l'Algérie, moyennant des droits très-faibles,
les produits étrangers qui payent des droits très-élevés en
France, ou même qui y sont prohibés. Et ce n'est pas pu-
rement par amour de la liberté commerciale que l'on agit
ainsi : c'est qu'on ne peut pas faire autrement. On sait bien

qu'une telle mesure fait tomber aux mains des autres nations la plus grande partie des avantages que peut présenter le commerce d'une colonie créée par les trésors de la France. Mais on sait bien aussi que si l'on n'autorisait pas l'introduction des produits étrangers, elle se ferait par la fraude ; et les circonstances géographiques de nos possessions africaines sont telles que l'on ne voudra vraisemblablement jamais faire seulement la tentative de s'opposer aux introductions frauduleuses. Les entourer d'une ligne de douanes ne viendra sans doute à l'esprit de personne. Il résulte de là qu'il faudra bien que les provenances de l'Algérie soient toujours soumises, en France, à la législation qui régit les produits étrangers, sous peine de voir s'ouvrir en France aussi, la plus large porte à la fraude.

Mais à combien de réclamations ne donneraient pas lieu chaque jour, de la part de l'Algérie, les dispositions de douanes que la France établirait dans son intérêt, soit dans ses ports, soit dans ceux de la colonie ? Et combien d'autres causes encore feront naître des diversités d'intérêts entre la population de la France et celle de la nouvelle colonie. Dans une telle situation, des liens de domination d'une part et de dépendance de l'autre sont les seuls qui puissent s'établir ; et certainement aucun homme de sens n'a jamais pu songer à en former d'autres entre la France et sa nouvelle colonie. L'égalité de droits entre les départements européens et africains supposerait l'uniformité administrative. Or, un homme raisonnable songerait-il à faire administrer les départements africains par des préfets et des sous-préfets recevant directement les ordres des ministres, par des conseils généraux, des directeurs de contributions directes et indirectes, etc? Mais, au siècle où nous vivons, pense-t-on qu'une telle domination d'un peuple sur un autre puisse subsister? Pense-t-on seulement qu'elle puisse s'établir? Personne de notre temps ne voudrait fonder une colonie autrement que sur des bases libérales. Mais a-t-on songé à la contradiction radicale que présentent ces deux idées ? Quoi de moins libéral que la domination d'un peuple sur un autre peuple, avec toutes les conséquences qu'entraîne nécessairement cette situation? Nous sommes au temps où les liens de ce genre se relâchent et se brisent sur tous les points du globe. Mais vouloir aujourd'hui créer un peuple dépendant d'un autre peuple, quand même on pourrait le faire avec profit pour la métropole, c'est, en vérité, se tromper d'époque. Si la France était parvenue, en s'épuisant elle-même par les sacrifices les plus onéreux, à créer un peuple industrieux sur le sol africain, ce peuple ne serait plus propre qu'à une chose.... à être émancipé.... C'est là certainement ce qui ne tarderait pas d'arriver ; et ce dénouement, la France elle-même serait entraînée à le provoquer ; car, cette prétendue colonie ne lui présenterait aucune utilité pour son commerce, et ces prétendus départements français seraient la source d'embarras sans cesse renaissants, et d'énormes dépenses pour les maintenir dans la dépendance.

Voilà, en réalité, quel est l'avenir qu'on pourrait attendre de nos possessions africaines, s'il était possible que la France poussât l'entreprise jusqu'au bout ; mais, je le dis encore, il n'en sera rien, et il n'est au pouvoir de personne de causer un aussi grand dommage à notre pays, parce que les moyens matériels, c'est-à-dire les capitaux et le travail, se refuseront à marcher dans la voie que semble leur indiquer l'entraînement des esprits.

Je n'ai rien dit encore de l'obstacle le plus grave que rencontrerait la France dans l'exécution de ses projets de colonisation : c'est la population qui occupait ce pays avant notre arrivée, et qui croyait bien le posséder aussi légitimement que nous possédons le territoire français. Pour la question de droit et d'équité, on ne paraît pas s'en occuper ; *c'est le droit de la guerre*, c'est-à-dire le droit que peut se donner à lui-même celui qui a des canons et des bayonnettes, contre toute population dont il convoite le territoire.

A notre arrivée dans l'Algérie, les Arabes n'étaient pas sujets du Dey : quelques-unes de leurs tribus étaient entièrement indépendantes, d'autres avaient été soumises, par la force ou la ruse, à une domination fort équivoque par sa nature, et qui se bornait, pour la plupart d'entre elles, au payement d'un tribut annuel de fort peu d'importance. Que l'on lise les premières proclamations que leur adressèrent nos généraux : nous arrivions là comme des libérateurs et avec la mission de les soustraire à une odieuse oppression. Deux années plus tard, ces mêmes hommes, on voulait les châtier comme des rebelles, parce qu'ils refusaient de se soumettre à un joug beaucoup plus dur que celui dont nous avions prétendu les délivrer. Auparavant personne du moins ne leur contestait la possession des terres sur lesquelles ils font paître leurs troupeaux ; mais, à l'aspect de nos tentatives de colonisation, il leur a bien fallu comprendre que c'était la possession même du sol natal qui était en question. Plus tard encore, repoussés par une vive résistance, nous avons pris le parti de traiter de puissance à puissance avec la portion de ces peuples que nous ne pouvions encore soumettre par la force. Dans tout cela, que l'on dise quel droit nous voulons nous attribuer sur ces populations ? A quel droit nous croyons pouvoir légitimement prétendre envers elles ? Si ce droit existe, il peut être défini, et l'on peut en tracer l'étendue et les limites ; car c'est là le caractère particulier de toute espèce de droit. Mais que l'on ose seulement tenter de le faire pour celui-ci !.... Vous parlez de droit, mais sans doute nous en avons un. Dès que nous avons tiré le premier coup de canon, nous pouvons conquérir, tuer les hommes, enlever les bestiaux et brûler les habitations. Nous sommes dans notre droit : *c'est le droit de là guerre....*

Mais la tâche d'envahissement sera-t-elle facile à remplir ? La civilisation ou la mort, dites-vous, le sabre à la main..... Mais les Arabes vous répondent : notre civilisation nous plaît à nous ; nous n'en voulons pas d'autre ;..... et c'est sur ces termes qu'au dix-neuvième siècle la lutte s'établit entre une nation vaillante et jusque là toujours généreuse, et un peuple vaillant aussi et qui combat en invo-

quant son bon droit et son dieu ;.... et ceux-là qui en France
provoquent la guerre et le massacre des Arabes sont, sans aucune contestation, des hommes d'un caractère doux et bien-
veillant; ce sont surtout des défenseurs ardents de la liberté,
de la dignité de l'homme et de l'indépendance des peuples...

Fusion entre les nationalités française et arabe : voilà le
rêve dont se sont bercées beaucoup de personnes ; et c'est
pour parvenir à ce but que nous portons le fer et le feu
depuis huit ans sur le territoire de l'Afrique. Une fusion!
mais voyez donc les mœurs, les habitudes, la religion ,
la langue des deux nations! A-t-on jamais rencontré des éléments plus disparates? Que l'on cherche dans l'histoire un
seul exemple qui puisse autoriser à croire qu'une sembla-
ble fusion soit possible. Des siècles n'y suffiraient pas ; car
mille faits démontrent qu'il n'y a pas sur la terre de nationalité plus vivace que celle des Arabes. Nous nous sommes
montrés à eux non seulement comme d'injustes agresseurs,
mais comme des spoliateurs avides ; les terres qu'ils possédaient, nous déclarions que nous voulions y établir des colons;
et des Français en ont fait l'objet du plus scandaleux trafic.
Maintenant que nous avons reculé devant des résistances et
des difficultés qu'il eût été facile de prévoir, croit-on que ces
tentatives seront jamais oubliées par les indigènes ? A leurs
yeux, notre modération actuelle n'est que le résultat de
l'impuissance ; et ils ne peuvent douter du sort qui atten-
drait leur territoire , s'il arrivait jamais que la force des
armes nous fournît le moyen de réaliser nos projets de colonisation. Il y aurait certes de la puérilité à vouloir nous
dissimuler à nous-mêmes ces vérités, ou à fermer les yeux
sur les conséquences qui en découlent : avec une telle disposition d'esprit de la part des indigènes, on pourra bien les
forcer à conclure des conventions qui ne seront que des sus-
pensions d'armes, même à nous payer des tributs dont chaque écu nous coûte bien quelques milliers de francs ; mais
le désir de nous rejeter dans la mer ne s'effacera jamais de
leur cœur ; et c'est sur cette donnée qu'il faut fonder tous

les projets que l'on pourra former à leur égard : sans doute, de quelque manière que nous nous fussions montrés à eux avec des désirs de domination, nous ne pourrions attendre de leur part qu'aversion et résistance opiniâtre ; mais, enfin, il faut bien accepter la situation comme le passé nous l'a faite ; et l'on ne peut se faire aucune illusion sur l'aggravation des sentiments haineux qui résultent des circonstances des premières années de notre occupation : bien des générations se succéderaient avant qu'on pût effacer ces impressions dans le cœur des Arabes, même par la conduite la plus bienveillante et la plus modérée.

Quelques personnes vont dire, je le sais bien : est-ce donc d'une bouche française que doivent sortir de telles paroles ? Mais, sans doute, c'est d'une bouche française ; car, dans quelle autre bouche ces paroles pourraient-elles avoir quelque poids, pour faire pénétrer la vérité dans des cœurs français ? Les étrangers nous entendent, dites-vous, et les Arabes nous écoutent. Mais, en bonne foi, croyez-vous qu'il y ait quelque chose à apprendre aux étrangers et aux Arabes, sur la question de droit et d'équité, dans la guerre que la France poursuit contre ces peuplades, sur le sentiment que nous ont voué les indigènes de l'Algérie et sur les motifs de ce sentiment ? Un prince conquérant ne manque jamais de trouver près de lui des flatteurs disposés à colorer d'une nuance de droit ses penchants ambitieux ; mais envers une nation comme envers un conquérant, pense-t-on que le véritable ami n'est pas celui qui, résistant aux illusions de l'entraînement, montre les périls de la situation dans laquelle on s'engage en violant les lois de l'éternelle justice qui protège les peuples contre la violence et l'agression ?

Les partisans de l'occupation se plaisent à répéter souvent que l'on a commis beaucoup de fautes depuis la conquête ; et ils ajoutent que c'est là seulement un motif pour éviter d'en commettre de nouvelles. Tout est faute lorsqu'on s'est placé dans une position radicalement vicieuse : reculer est une faute, parce qu'on accroît l'audace de ses ennemis ;

signer un traité de paix sera considéré tôt ou tard comme une faute, parce que la paix n'est, pour des ennemis irréconciliables, que le moyen de se rendre ensuite plus redoutables. Combattre et vaincre auront des résultats encore plus funestes, car la victoire ne peut conduire qu'à des luttes plus difficiles, parce qu'elles s'étendront sur un plus vaste territoire. On a reproché à nos généraux de n'avoir pas toujours observé les règles de la justice envers les indigènes que nous voulons soumettre ; mais la justice repose sur le droit ; et où trouver les limites du droit, lorsqu'on ne peut en invoquer d'autre que celui de la force !

On connaît mieux chaque jour la gravité des obstacles que les armes françaises doivent s'attendre à rencontrer dans ces guerres, où les intempéries du climat viennent à chaque instant compromettre le succès des plans conçus avec le plus d'habileté. Sans doute les désastres partiels seront toujours réparés, et les armes de la France finiront par demeurer victorieuses : mais lorsqu'une grande nation a recueilli d'amples moissons de gloire en combattant contre des peuples qui, du moins, étaient dignes d'elle par leur puissance et l'état de leur civilisation, que l'on dise s'il y a pour elle de la dignité à compromettre l'honneur de ses armes dans ces guerres contre des peuplades à demi civilisées, et dans des circonstances où la tactique et la bravoure sont des éléments si incertains de la victoire ? La lutte est difficile et pénible sans doute ; plus difficile peut-être que dans beaucoup de grandes batailles pour lesquelles a retenti le canon des Invalides ; mais l'orgueil national ne se sent-il donc pas blessé en quelque point, lorsque l'enthousiasme public accueille par des transports une victoire remportée sur quelques milliers de cavaliers indisciplinés ? Et puis du sang, et toujours du sang, et tout cela sans aucun but d'intérêt réel pour le pays.

Pour le budget, l'Algérie a formé jusqu'ici l'objet d'une dépense annuelle de 30 ou 40 millions. Cette année, elle dépassera certainement 50 millions, et elle s'accroîtra né-

cessairement d'année en année, car chaque nouvelle extension de territoire amènera de nouvelles luttes et rendra
nécessaires de nouvelles conquêtes. Il faut bien se garder
d'assimiler les dépenses de ce genre à celles auxquelles le
gouvernement se livre dans l'intérieur du pays. Lorsque
cent millions ont été dépensés sur le sol français en solde de
troupes ou en traitements d'employés, en achats de chevaux
ou d'approvisionnements, cette somme a été payée par des
Français à titre de contributions, mais d'autres Français la
reçoivent à titre de salaire ou pour prix de fournitures ; et
elle reste tout entière dans le pays : mais ce sont bien cent
millions perdus pour la France, si la solde des troupes a été
dépensée à Alger en objets de consommation provenant du
territoire de l'Afrique ou des manufactures anglaises, si les
chevaux et les objets d'approvisionnements ont été achetés
aux Arabes, auxquels nous fournissons ainsi chaque année,
en les enrichissant, des moyens de nous résister avec plus
d'énergie.

Mais le danger le plus grave que fait courir à la France sa
tentative de conquête de l'Algérie, ne consiste pas dans les
dépenses qu'elle entraîne. La France, appauvrie de quelques centaines de millions, sera encore riche et puissante ;
et cette guerre est une plaie que le temps et le retour à des
idées plus raisonnables ne peuvent manquer de guérir,
pourvu que la paix continue de subsister en Europe. Quelques adversaires de l'occupation ont dit que, dans le cas
d'une guerre, la France serait forcée de retirer ses troupes
de l'Algérie. Mais il n'en serait certainement pas ainsi ; et
c'est là, sans aucun doute, le moment où le sentiment de
l'amour-propre national rendrait l'abandon vraiment impossible. Il faudrait vraisemblablement, au contraire, renforcer
l'occupation, car il est facile de prévoir que les ennemis de
la France, quels qu'il fussent, s'efforceraient de lui susciter
de nouveaux embarras de ce côté, ce qui serait toujours
bien facile. Mais qui peut songer, sans la plus vive anxiété,
aux suites que pourrait entraîner une telle complication ,

dans le cas d'une guerre européenne qui intéresserait véri-
tablement l'honneur et l'indépendance de la France?.... Ce
danger est inévitable si l'occupation de l'Algérie n'a pas cessé
au moment où un événement quelconque forcera la France
à faire peser ses forces militaires, même par de simples
démonstrations, dans la balance des nations de l'Europe.

Les hommes qui voient très-clairement les dangers de
la situation dans laquelle nous nous trouvons en Afrique,
se sont toujours placés eux-mêmes dans une position fausse,
dans les opinions ou les vœux qu'ils ont exprimés. Au milieu de l'entraînement général qui porte à la conquête, ils
se sont attachés à modérer le mouvement et n'ont pas cru
pouvoir gagner autre chose que de diminuer du moins les
sacrifices que fait la France en hommes et en argent. Sur ce
terrain, les partisans de l'extension illimitée de la conquête
ont pu facilement montrer les fâcheuses conséquences de
l'occupation ainsi restreinte. C'était en effet se placer, à
l'égard des Arabes, dans une position d'infériorité impossible
à soutenir. Le système de conquête devait prévaloir, parce
qu'il résulte de la nature des choses. Il ne serait pas possible que la possession d'un seul point sur le territoire algérien ne ramenât pas l'état de choses actuel; car cette
possession, quelque restreinte qu'elle fût, ne pourrait manquer d'amener des luttes avec les peuplades voisines; et, si
l'on combat, il faut vaincre. Mais après avoir vaincu, est-
il raisonnable, est-il même possible de renoncer à en tirer
aucun avantage? Et, avec des peuples comme ceux-là, quels
fruits peut-on tirer de la victoire, si ce n'est la conquête?

Il est certainement préférable que la question soit posée
nettement comme elle l'est aujourd'hui. L'administration
la plus modérée et la moins guerroyante a été forcée de
conquérir Constantine, et il faudra bien qu'elle aille plus
loin de ce côté, car la possession de Constantine ne peut
avoir d'utilité que comme point de départ pour d'autres
conquêtes, qui ne pourront pas elles-mêmes servir à autre
chose. La première rupture avec *Abd-el-Kader* nous

conduira loin, très-loin; et lorsque nous nous serons avancés, reculer ne sera plus possible. Conquérir, et conquérir toujours, est la tâche à laquelle nous sommes condamnés sur ce sol. Voilà ce que les événements ont démontré jusqu'aujourd'hui, et ce qu'ils démontreront bien mieux à mesure qu'ils se développeront. Cette perspective ou l'abandon complet, voilà désormais la seule alternative qui nous reste ; et l'époque est peu éloignée où aucun homme de sens ne voudra même plus parler de l'occupation restreinte.

L'abandon ! mais cela n'est pas possible, n'a-t-on cessé de répéter ; l'honneur national ne permet pas même d'y songer.... Mais, en vérité, pourquoi donc? On a dit cent fois que l'on voulait conserver Alger. Est-ce par ce motif qu'il y aurait aujourd'hui du déshonneur à l'abandonner? Mais qui donc aurait eu le droit d'engager ainsi la France à jamais dans une lutte sanglante, sans intérêt pour elle et sans issue ? L'entraînement, cela est certain, a été grand dans l'opinion, parmi les hommes qui ne pouvaient en aucune façon se faire des idées exactes ni sur les difficultés de l'entreprise, ni sur ses résultats. Mais un tel entraînement n'est-il pas mobile de sa nature, et est-il raisonnable de penser qu'il a pu enchaîner la France pour toujours ? Supposons qu'aujourd'hui, dans la position que nos armes ont prise en Afrique, la France déclare que, mieux informée sur les choses et sur les hommes, elle juge que, dans la balance de ses intérêts, la valeur de cette nouvelle conquête ne compenserait pas les sacrifices qu'elle devrait s'imposer pour la conserver ; il demeurerait, certes, évident pour tout le monde que c'est bien librement et de son propre mouvement qu'une nation comme la France a pris une telle détermination ; et il y aurait là bien plus de véritable dignité que dans l'obstination à persévérer dans l'exécution du projet de conquête, si l'on avait reconnu qu'il est vicieux par son principe et funeste par ses conséquences. Le projet est-il bon et utile ? Voilà la question à laquelle il faudra toujours revenir dans toutes les situations qu'il pourra amener; et de la solution de cette question devra dépendre la détermination que prendra le pays, dans l'intérêt de son honneur et de sa dignité. Persister dans une entreprise ruineuse et sanglante, par le seul motif *qu'on ne veut pas en avoir le démenti*..... Mais ce serait là une puérile forfanterie, indigne d'une nation comme la France.

Un des plus grands moyens que l'on a employés pour engager l'honneur national, a consisté à représenter notre conquête comme prête à tomber entre les mains d'une nation rivale, si nous l'abandonnions. Croire que nos ennemis ou nos rivaux nous l'envient, c'est vraiment se méprendre d'une singulière façon. Il est bien vrai que quelques orateurs ou quelques journaux anglais ont fait entendre de temps à autre des paroles de mauvaise humeur sur la continuation de l'occupation française. Ils en ont dit justement autant qu'il fallait pour empêcher que l'on pût songer en France à l'abandon; car quel homme d'état français, au milieu de l'entraînement général, aurait osé s'exposer au reproche d'avoir cédé en ce point à des insinuations parties du sein d'une nation étrangère ? Mais si la France a réellement, sur quelque point du monde que ce soit, des rivaux qui redoutent sa puissance, que l'on soit assuré que la lutte dans laquelle nous sommes engagés dans l'Algérie est pour eux un objet de maligne joie bien plus que de jalousie. C'est une entreprise qui nous affaiblit pour le présent, et dans laquelle nous ne pouvons trouver aucun principe de force et de puissance pour l'avenir. Voilà ce qui est désormais manifeste pour tous les étrangers. Et l'on craindrait que les Anglais allassent nous y remplacer.... Les Anglais, froids et habiles calculateurs comme ils sont!... Mais c'est bien là l'idée la plus fausse à laquelle on puisse se laisser entraîner par les illusions que nous nous sommes faites sur la valeur réelle de notre conquête. Il n'y a pas, on peut en être bien assuré, un homme d'état en Angleterre qui consentît à accepter l'Algérie, si elle était offerte en pur don par la France, ou qui voulût employer un seul régiment à conquérir ou à conserver cette possession.

Dans tout ce qui se rapporte à l'occupation et à la conquête, le gouvernement français a fait ce qu'il devait faire. Aucun homme d'état, sous aucun des ministères qui se sont succédés, depuis 1830, ne s'est sans doute fait illusion, ni sur les difficultés de l'entreprise, ni sur la nullité des avantages que la France pourrait en tirer. Les ministres sont en rapports trop directs avec les hommes qui voient ou qui ont vu les choses de près, pour qu'ils puissent se méprendre sur ce point. On peut citer à cet égard un mot de M. *Thiers*, que l'on a considéré comme ayant des opinions fort belliqueuses relativement à l'Algérie. Il a dit un jour, à la tribune de la chambre des Députés : *sans doute, si nous n'étions pas à Alger, je ne conseillerais pas d'y aller......* Ce mot a bien plus de portée qu'on n'a semblé lui en attribuer. En effet, en laissant de côté le droit et l'équité qui n'étaient pas ici en question, s'il est vrai que la possession d'Alger soit une chose utile pour la France, pourquoi ne lui conseillerait-on pas d'en faire la conquête, si elle était encore à faire ? *Les divers ministères qui se sont succédés ont*, toutefois, accompli avec franchise et loyauté la tâche que semblait leur indiquer le vœu de la majorité de la nation. C'était pour eux une nécessité, et de la nécessité naissent de véritables devoirs. Puisque l'on était forcé de combattre, il fallait vaincre. Le sang de nos soldats et de nos généraux a coulé à flots, et les millions n'ont pas été épargnés. On a tout accordé avec libéralité, tout, jusqu'à un *te deum* pour la prise de Constantine. A cet égard, la France n'a, pour le présent, aucun reproche à faire à son gouvernement ; et, dans la suite, lorsque le moment des illusions sera passé, elle n'aura de reproche à adresser qu'à elle-même.

Mais enfin, comment tout cela se terminera-t-il ?.... Il me semble que lorsqu'on connaît à fond le caractère national, lorsqu'on connaît bien aussi la nature de cette guerre et du sentiment qui l'entretient, il n'est pas difficile d'en prévoir l'issue.....D'abord la France ne sera pas expulsée de l'Algérie par la force des armes, cela est certain ; la

France est assez puissante pour triompher de tous les obstacles qu'on pourra lui opposer; et, si elle abandonne sa
conquête, ce sera de son plein gré et d'après une détermination calculée. Mais elle l'abandonnera ainsi, un peu plus
tôt ou un peu plus tard, cela est également certain; car il
n'y a pas là d'autre issue possible. Mais pendant combien
de temps cette situation doit-elle encore durer? Je pense
que la question se résoudra mieux en la posant en écus.....
Les chiffres du budget, voilà ce qui préservera la France de
désastres portés au-delà d'un certain terme, de même qu'une
tenue régulière de comptes préserve d'une ruine totale
l'homme qui se livre à une fausse spéculation : à chaque
réglement de compte, l'inflexibilité des chiffres vient mettre
sous les yeux la profondeur de la plaie ; et le moment arrive
où l'on reconnaît avec évidence que l'on ne pourrait, sans
se compromettre trop gravement, porter plus loin l'étendue
des sacrifices. Chaque année verra s'accroître le chiffre du
budget : 50 millions, puis 60, puis 80, etc. Dans cette
marche, aucune rétrogradation n'est possible; la modération
même ne l'est pas, car l'accroissement graduel du budget,
suite inévitable de l'accroissement de l'occupation, est une
nécessité puisée dans la nature des choses. En mon âme et
conscience, je crois qu'on ira jusqu'au chiffre annuel de cent
millions et cent mille hommes. Un milliard peut-être, sera
déjà engagé alors ;.... mais, dans le même rapport que les
accroissements du chiffre du budget, on aura vu s'affaiblir et
disparaître successivement toutes les illusions sur la culture,
sur le commerce, sur la soumission des indigènes : et l'on
reconnaîtra certainement alors que ce n'est là que le premier des milliards qu'il faudrait sacrifier pour exterminer
la nation Arabe. Imaginons la France dans cette position
dans cinq ans, dans dix ans peut-être: que fera-t-elle? Alors,
depuis long-temps déjà, les esprits se seront accoutumés à
repousser comme chimérique toute idée d'en revenir à ce
qu'on a nommé si souvent l'occupation restreinte ; tout autre parti que l'abandon complet semblerait mesquin à côté

du caractère de grandeur que portera du moins une détermination qui fera cesser en un seul jour tous les embarras
de la position. Lorsque ce moment arrivera, certaines personnes chercheront sans doute à faire reculer la nation devant la crainte du reproche de légèreté ; mais, en vérité, ce
n'est pas l'abandon qui méritera jamais ce reproche : l'œuvre
de la légèreté sera consommée alors. Il restera à accomplir
l'œuvre de la raison, et elle le sera, sans aucun doute. Je ne
veux pas même rechercher sous quelle forme pourra avoir lieu
l'abandon ; mais voilà, je n'en doute pas, les phases que doit
parcourir encore l'histoire de notre conquête en Afrique.

En résumé, c'est sans doute une chose fort grave pour
les intérêts de la France que les dépenses énormes auxquelles elle se livre pour une entreprise qui ne peut avoir
pour elle aucun but d'utilité, pour la conquête d'une possession qui n'a pour elle aucune valeur. Mais c'est là, pour le présent, un mal inévitable, et c'est une nécessité qu'il faut savoir
subir. Si la fatalité qui nous a conduits sur le sol africain
nous condamne à y laisser un milliard, acquittons noblement
cette dette, car il faut que les armes de la France se mon-
trent avec éclat dans quelque lutte que ce soit. Mais la con-
sidération qui doit, je pense, dominer toute cette question
dans l'esprit des hommes prévoyants, c'est la situation
embarrassante dans laquelle se trouverait inévitablement la
France si l'occupation durait encore au moment où elle
éprouvera le besoin d'employer ailleurs ses forces militaires.
L'avenir de puissance et de force de notre pays dépendra
beaucoup, cela n'est pas douteux, du parti qu'il aura pris
auparavant relativement à l'Algérie. Que l'on s'efforce donc
de hâter, autant qu'il sera possible, le dénouement de ce
déplorable et périlleux drame. Plût à Dieu que, dès aujourd'hui, le milliard tout entier eût été dévoré par la terre
africaine, et que le dernier de nos soldats en fût revenu !

FIN.

NANCY.—Imprimerie de A. Paullet, passage du Casino.